T0004971
ESPÍO EN MI COMUNIDAD
Alicia Rodriguez
Traducción de Pablo de la Vega
LA GRANJA
Un libro de Las Raíces de Crabtree
CRABTREE
Publishing Company
www.crabtreebooks.com

Apoyos de la escuela a los hogares para cuidadores y maestros

Este libro ayuda a los niños en su desarrollo al permitirles practicar la lectura. Abajo están algunas preguntas guía para ayudar al lector a fortalecer sus habilidades de comprensión. En rojo hay algunas opciones de respuesta.

Antes de leer:

- ¿De qué pienso que tratará este libro?
    - *Pienso que este libro es sobre lo que ves en una granja.*
    - *Pienso que este libro es sobre distintos tipos de granjas.*
- ¿Qué quiero aprender sobre este tema?
    - *Quiero aprender qué tipos de animales podemos encontrar en las granjas.*
    - *Quiero aprender cómo se ve una granja.*

Durante la lectura:

- Me pregunto por qué...
    - *Me pregunto por qué el maíz crece en hileras.*
    - *Me pregunto por qué los granjeros usan tractores.*
- ¿Qué he aprendido hasta ahora?
    - *Aprendí que los cultivos crecen en el campo.*
    - *Aprendí que las gallinas de granja ponen huevos.*

Después de leer:

- ¿Qué detalles aprendí de este tema?
    - *Aprendí que los granjeros usan tractores.*
    - *Aprendí que hay muchas cosas que ver en las granjas.*
- Lee el libro una vez más y busca las palabras del vocabulario.
    - *Veo la palabra **sembradío** en la página 8 y la palabra **tractor** en la página 10. Las demás palabras del vocabulario están en la página 14.*

Caminemos
en una granja.

Las vacas dan leche.

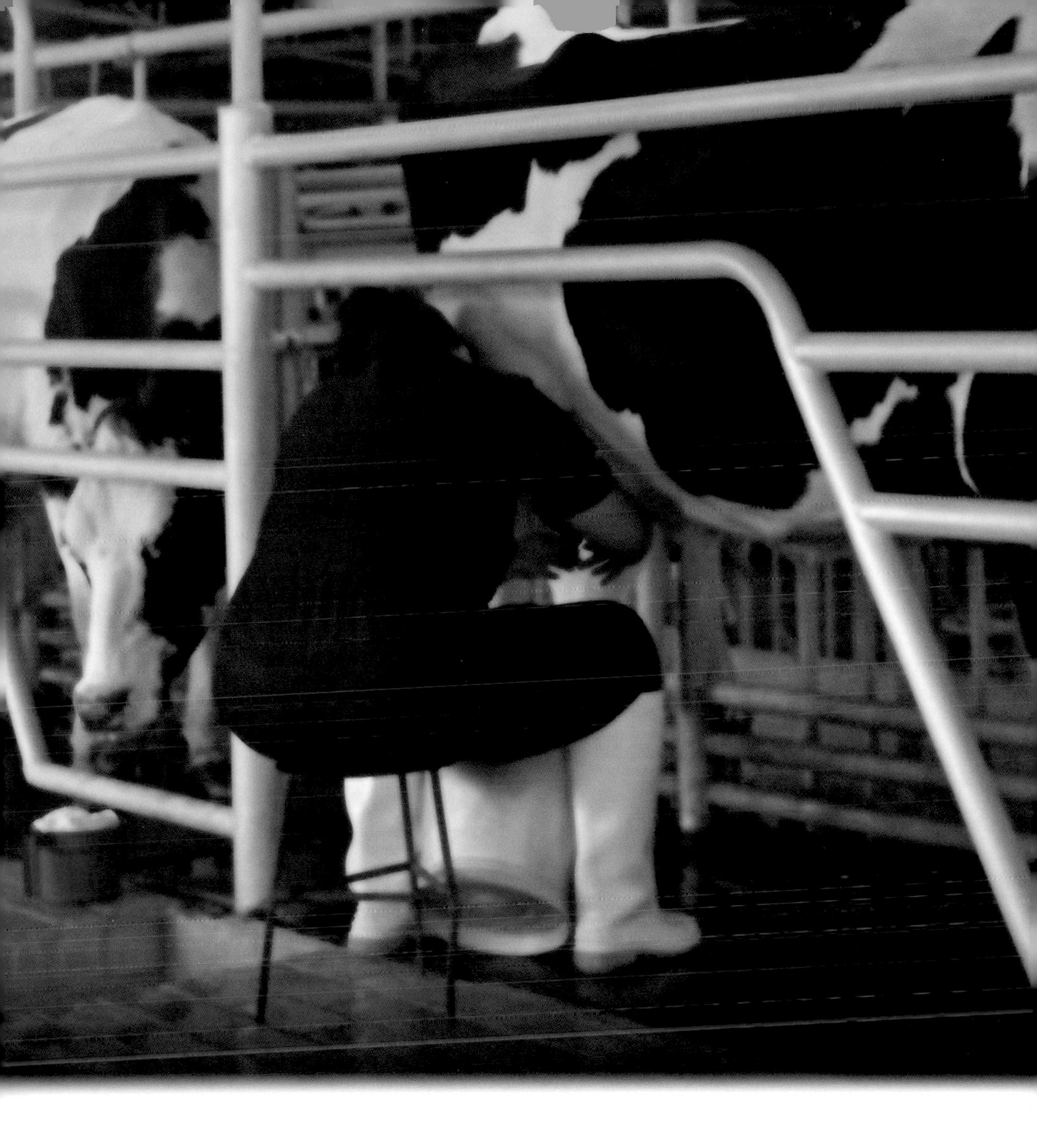

Las gallinas
ponen huevos.

Mira el **sembradío** de maíz.

También hay **tomateros**.

El granjero usa
un **tractor**.

Los trabajadores cosechan los **cultivos**.

¡Hay mucho que
ver en una granja!

Lista de palabras

Palabras de uso común

caminemos
dan
de
el
en
gallinas
granja
hay
huevos
las
leche
los
maíz
mucho
ponen
que
también
trabajadores
un
una
usa
vacas
ver

Palabras para conocer

cultivos

sembradío

tomatero

tractor

37 palabras

Caminemos en una granja.

Las vacas dan leche.

Las gallinas ponen huevos.

Mira el **sembradío** de maíz.

También hay **tomateros**.

El granjero usa un **tractor**.

Los trabajadores cosechan los **cultivos**.

¡Hay mucho que ver en una granja!

Written by: Alicia Rodriguez
Designed by: Rhea Wallace
Series Development: James Earley
Proofreader: Janine Deschenes
Educational Consultant:
Marie Lemke M.Ed.
Translation to Spanish:
Pablo de la Vega
Spanish-language layout and
proofread: Base Tres
Print and production coordinator:
Katherine Berti

LA GRANJA

Photographs:
Shutterstock: David Orcea: cover (top left); Layue: cover (top right); MaxyM: cover (bottom); Fred Cardoso: p. 3; Yanawut.S: p. 4-5; Matusciac Alexandru: p. 8, 14; Fotokostic: p. 9, 14; Vevchic: p. 10, 14; Spain: p. 11, 14; SGR: p. 13

Library and Archives Canada Cataloguing in Publication

Title: La granja / Alicia Rodriguez ; traducción de Pablo de la Vega.
Other titles: Farm. Spanish
Names: Rodriguez, Alicia (Children's author), author. | Vega, Pablo de la, translator.
Description: Series statement: Espío en mi comunidad | Translation of: Farm. | "Un libro de las raíces de Crabtree". | Text in Spanish.
Identifiers: Canadiana (print) 20210248025 | Canadiana (ebook) 20210248033 | ISBN 9781039615632 (hardcover) | ISBN 9781039615694 (softcover) | ISBN 9781039615755 (HTML) | ISBN 9781039615816 (EPUB) | ISBN 9781039615878 (read-along ebook)
Subjects: LCSH: Farms—Juvenile literature.
Classification: LCC S519 .R6318 2022 | DDC j630—dc23

Library of Congress Cataloging-in-Publication Data

Names: Rodriguez, Alicia (Children's author), author. | Vega, Pablo de la, translator.
Title: La granja / written by Alicia Rodriguez ; translation to Spanish: Pablo de la Vega.
Other titles: Farm. Spanish
Description: New York, NY : Crabtree Publishing Company, [2022] | Series: Espío en mi comunidad - un libro de las raíces de Crabtree | Includes index.
Identifiers: LCCN 2021028464 (print) | LCCN 2021028465 (ebook) | ISBN 9781039615632 (hardcover) | ISBN 9781039615694 (paperback) | ISBN 9781039615755 (ebook) | ISBN 9781039615816 (epub) | ISBN 9781039615878
Subjects: LCSH: Farmers--Juvenile literature. | Agriculture--Juvenile literature.
Classification: LCC HD8039.F3 R6318 2022 (print) | LCC HD8039.F3 (ebook) | DDC 338.1--dc23
LC record available at https://lccn.loc.gov/2021028464
LC ebook record available at https://lccn.loc.gov/2021028465

Crabtree Publishing Company
www.crabtreebooks.com 1-800-387-7650

Printed in the U.S.A./092021/CG20210616

 In Canada: We acknowledge the financial support of the Government of Canada through the Canada Book Fund for our publishing activities.

Published in the United States
Crabtree Publishing
347 Fifth Avenue, Suite 1402-145
New York, NY, 10016

Published in Canada
Crabtree Publishing
616 Welland Ave.
St. Catharines, Ontario L2M 5V6